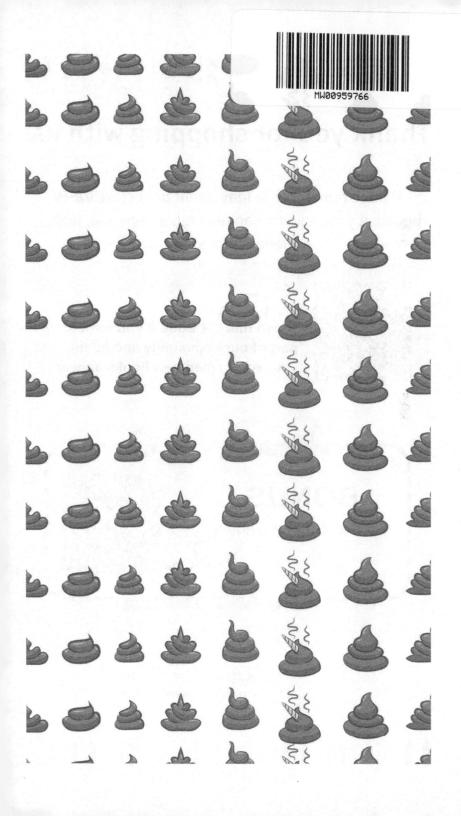

Thank you for shopping with us!

Please remember to leave your honest *REVIEW* because your opinion can help others and me, build a better community.

Scan this QR Code if you want to be part of our community and be the first to know when new books appear.

BONUS

Number Search Games

WHILE YOU POOP

ON AVERAGE, HUMANS PASS GAS 10 TO 18 TIMES EACH DAY

HOW MANY SQUARES ON
THE BATHROOM CABINET
CAN YOU SPOT?

ARE THE ORANGE CIRCLES THE SAME SIZE?

HMM.....

ILLUSION

POO MAZE

MAKE ONE WORD OUT OF THESE TWO WORDS:

NOW DORE

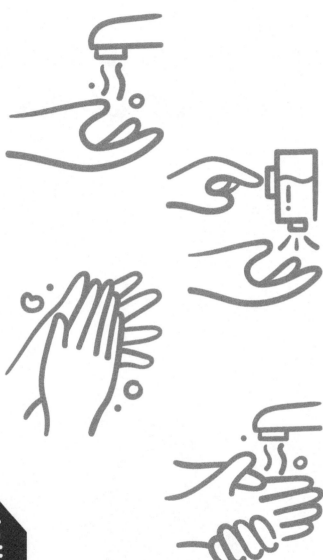

11

ONLY 80% OF PEOPLE WASH THEIR HANDS AFTER USING THE RESTROOM, AND ONLY 30% OF THOSE WHO DO WASH USE SOAP.

THIS PAIR ONLY APPEARS ONCE.
CAN YOU LOCATE IT?

FIND IN
40 SEC

14

WHICH ONE IS
THE SMALLEST?

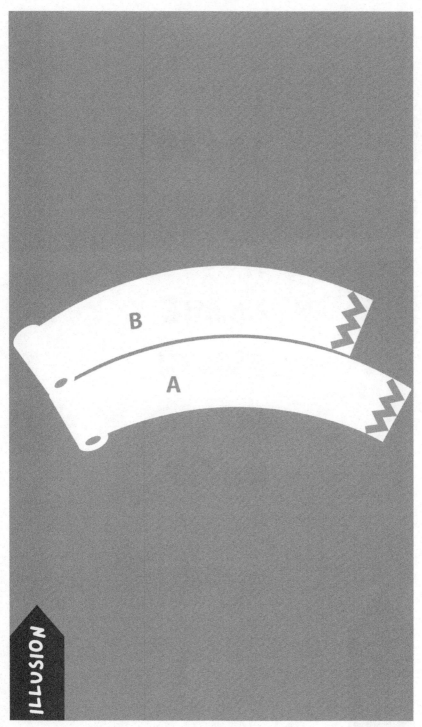

DRY

SPRAY

WASH

POO

LEAVE

FLUSH

SIT

UNZIP

TOILET

WIPE

K	B	A	H	L	E	A	V	E	H
O	F	G	S	Y	U	D	O	P	N
X	L	B	H	P	P	S	I	W	T
L	U	M	X	M	R	Z	E	Z	C
A	S	D	K	P	N	A	Q	W	L
H	H	F	N	U	G	Q	Y	Q	O
W	T	O	I	L	E	T	Y	O	B
N	I	V	K	R	H	R	P	S	T
C	H	P	U	B	D	Q	I	I	R
O	E	N	E	W	A	S	H	T	P

POO FACT

WOMBATS ARE THE ONLY ANIMALS WITH CUBE-SHAPED POOP.

THE CUBES ARE THEN STACKED BY THE ANIMALS TO MARK THEIR TERRITORY.

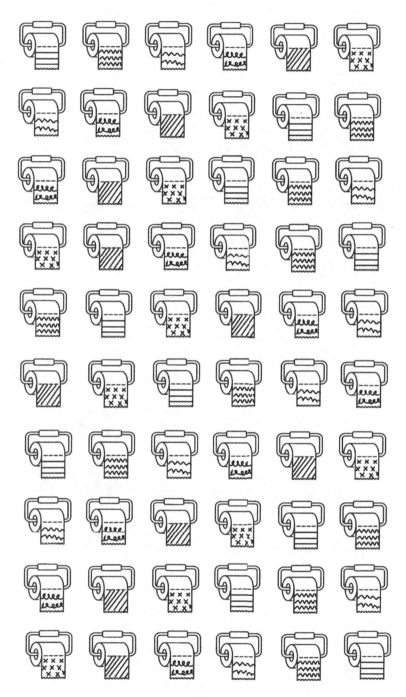

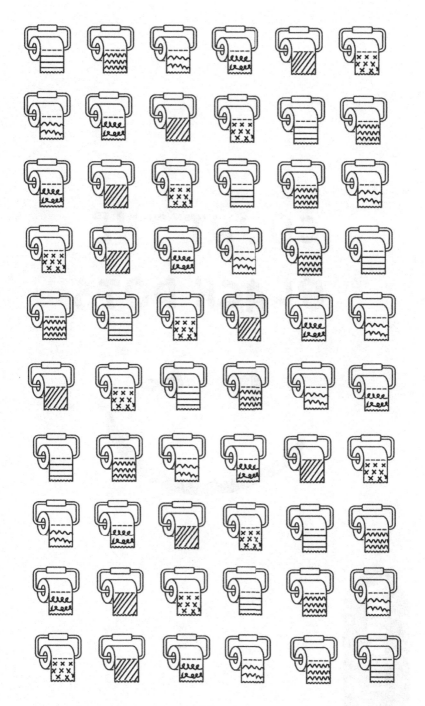

COUNT THE
BLACK DOTS

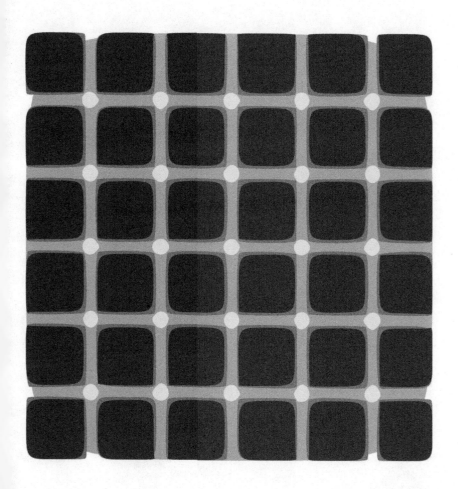

POO FACT

25

IN 1969, FOUR BAGS OF POOP WERE LEFT ON THE MOON BY APOLLO ASTRONAUTS.

ARRANGE THE PUZZLE TO SEE
WHAT FACT IT IS

POO WORD PUZZLE

A TOILET USES A

ACH TIME IT IS

LMOST SEVEN GAL

FLUSHED.

LONS OF WATER E

MICTURATE

TINKLE

HAVE TO GO

PEEPEE

TAKE A LEAK

WIZZ

NUMBER ONE

URINATE

POO WORD SEARCH

N	J	V	F	S	S	E	E	O	U
U	F	Z	E	M	O	L	E	G	R
M	T	L	M	I	W	K	P		I
B	V	I	H	C	I	N	E	O	N
E	A	R	H	T	Z	I	E	T	A
R	T	O	V	U	Z	T	P		T
	U	H	Q	R	V	A	F	E	E
O	X	O	L	A	O	E	B	V	U
N	Y	K	N	T	W	C	Z	A	G
E	I	N	Q	E	K	C	X	H	K

CAN YOU SEE THE WAVES?

POO MAZE

ON YOUR VACATION,
YOU'RE TAKING
STUNNING PHOTOS
WHILE LYING ON
BEAUTIFUL WHITE
SAND ON HAWAII'S
BEACHES?

WELL, YOU'RE
POSING ON FISH
POOP.

FIND THE FLY BUZZING AROUND

FIND IN 40 SEC

MAKE A LIST OF FIVE ODD FIGURES THAT ADD UP TO FOURTEEN.

MOVE YOUR HEAD
FORWARD AND BACKWARD
WHILE FOCUSING ON THE
DOT IN THE CENTER.

THE CIRCLES ARE
ROTATING IN OPPOSITE
DIRECTIONS!

ILLUSION

41

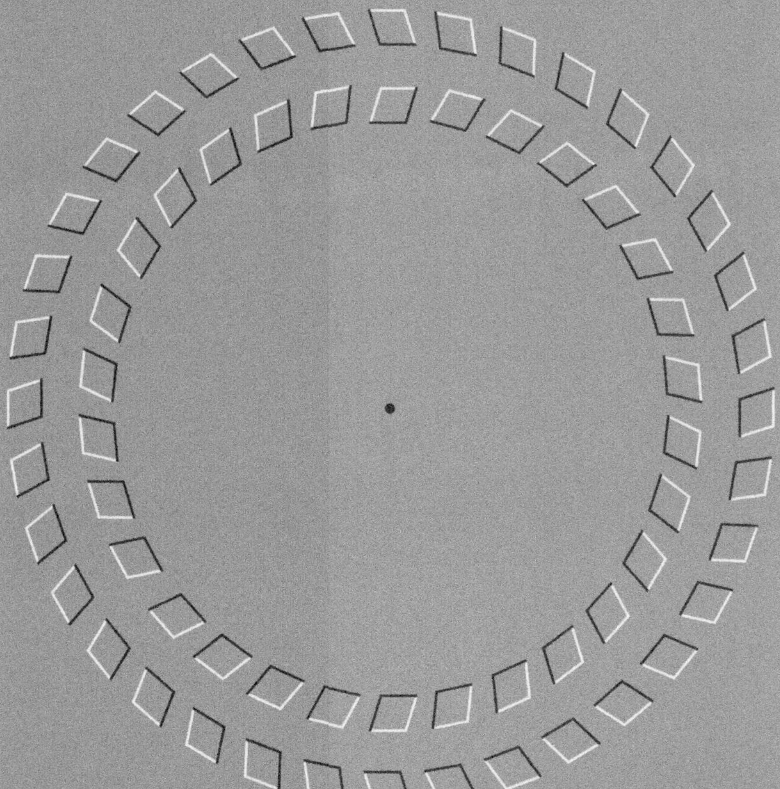

ILLUSION

FIND THE GRAY BRUSH

FIND IN 40 SEC

43

EXCREMENT

FECES

NUMBER TWO

POOP

SHIT

STOOL

CRAP

DEFECATION

DISCHARGE

DUNG

SHIT

POO WORD SEARCH

45

L	O	M	K	G	N	P	D	W	S
J	W	F	T	S	O	O	M	D	T
S	T	P	N	H	I	O	J	I	O
E		J	E	I	T	P	R	S	Q
C	R	S	M	T	A	L	S	C	P
E	E	H	E	D	C	O	C	H	P
F	B	I	R	U	E	O	G	A	A
Q	M	T	C	N	F	T	K	R	R
A	U	O	X	G	E	S	P	G	C
S	N	S	E	F	D	Y	M	E	U

SLOTHS DO A WEEKLY POO DANCE

WHILE YOU DO YOUR NUMBER TWO LET'S FLEX YOUR BRAIN TOO

PROBLEM

49

💩 + 🧻 + 💩 = 36

🪰 × 🚽 = 0

💩 ÷ 🪰 = 2

💩 = 🧻

💩 + 🚽 + 🧻 + 🪰 = ?

THIS PAIR ONLY APPEARS ONCE.
CAN YOU LOCATE IT?

FIND IN 40 SEC

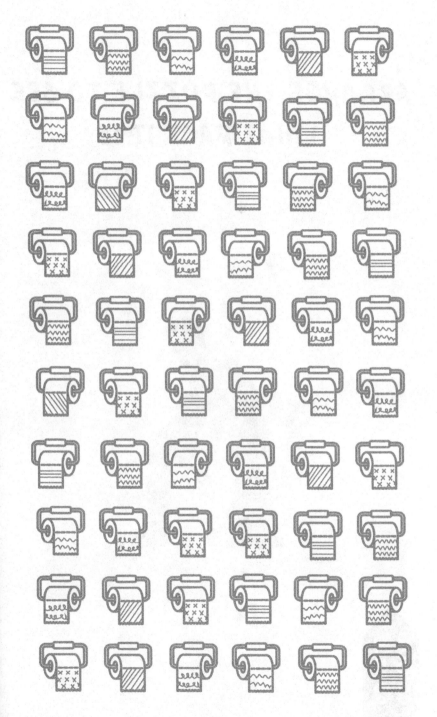

ARRANGE THE PUZZLE TO SEE WHAT FACT IT IS

POO WORD PUZZLE

GLAND DIED

KING GEORG

AFTER FAL

LING OFF H

E II OF EN

IS TOILET.

THE GREAT DEBATE

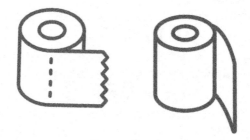

PEOPLE PLACE THEIR TOILET
PAPER ON THE HOLDER, FLAPS IN
FRONT OR BEHIND THEM?

75%
FRONT

55%
BEHIND

WHICH PILLAR IS TALLEST

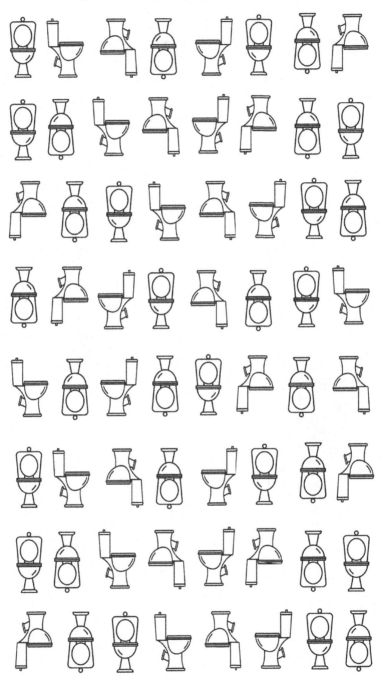

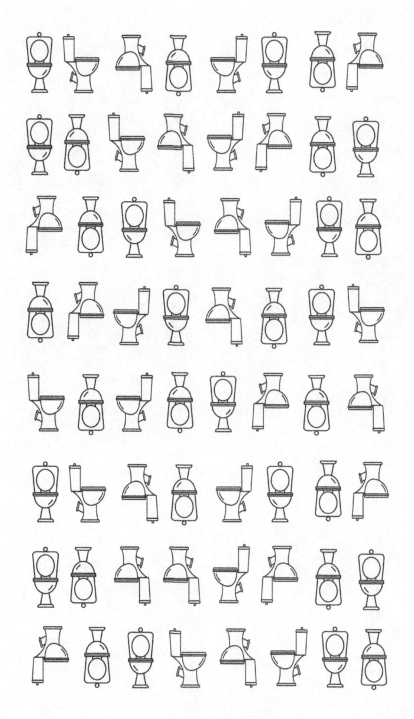

POO MAZE

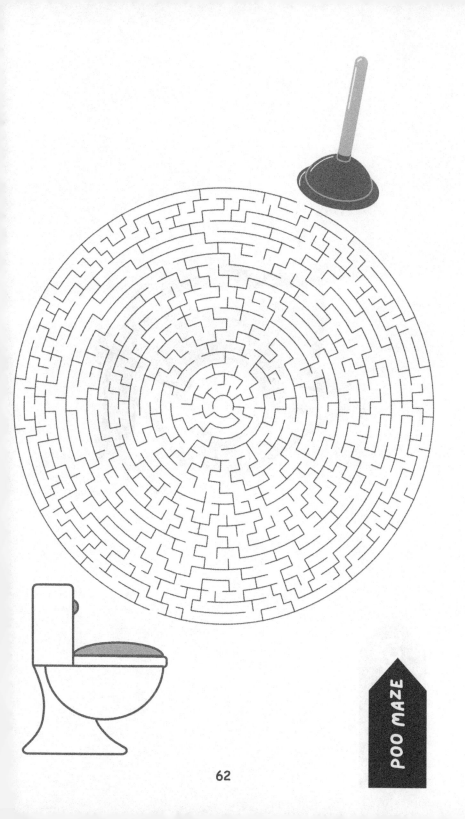

POO MAZE

ONE OF THE MOST
EXPENSIVE TYPES OF
COFFEE IS MADE FROM
BEANS COLLECTED
FROM THE POOP OF A
PALM CIVET!

IT'S KNOWN AS COFFEE
<u>KOPI LUWAK</u>.

THIS PAIR ONLY APPEARS
ONCE.
CAN YOU FIND IT?

FIND IN
40 SEC

65

THESE TOILET PAPER
SHELVES AREN'T
CROOKED, ARE THEY?

OR PERHAPS ARE?

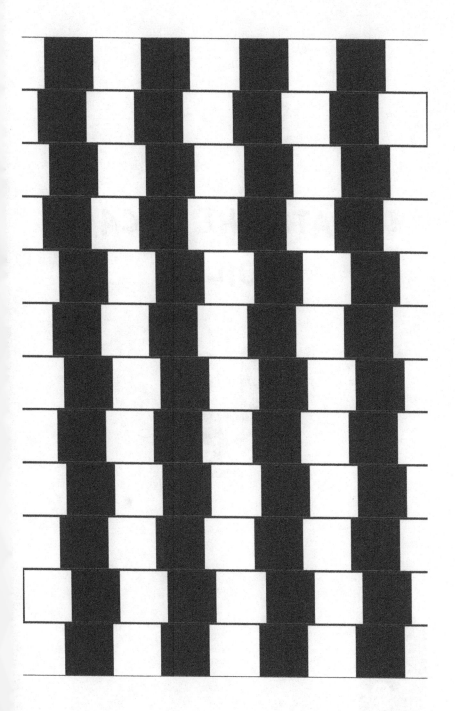

LOCATE THE VACANT TOILET

FIND IN 40 SEC

FIND THIS THREE

FIND IN 40 SEC

71

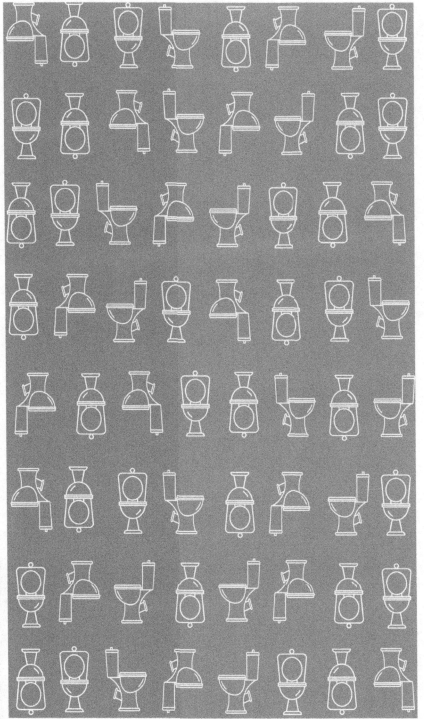

FIND THE DIFFERENCE-ONLY ONE

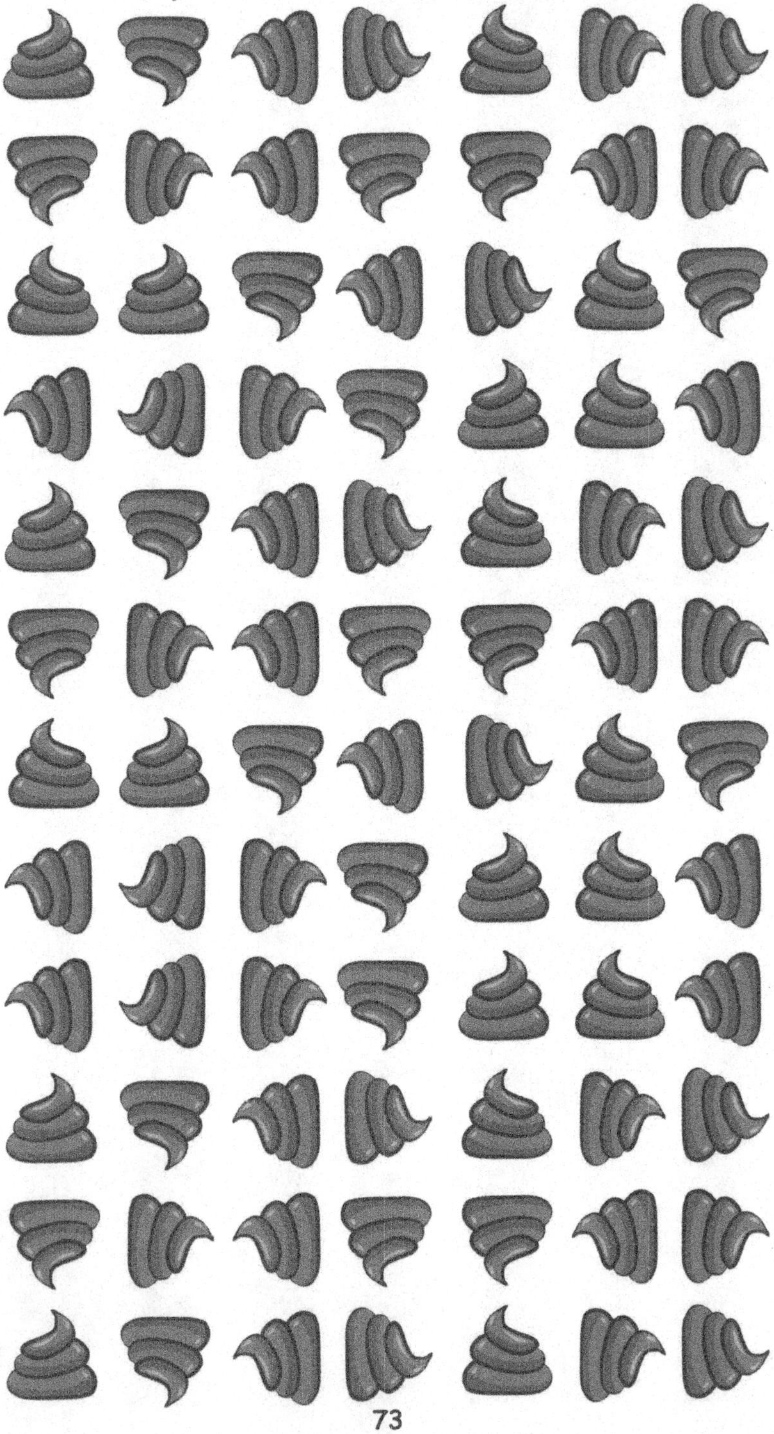

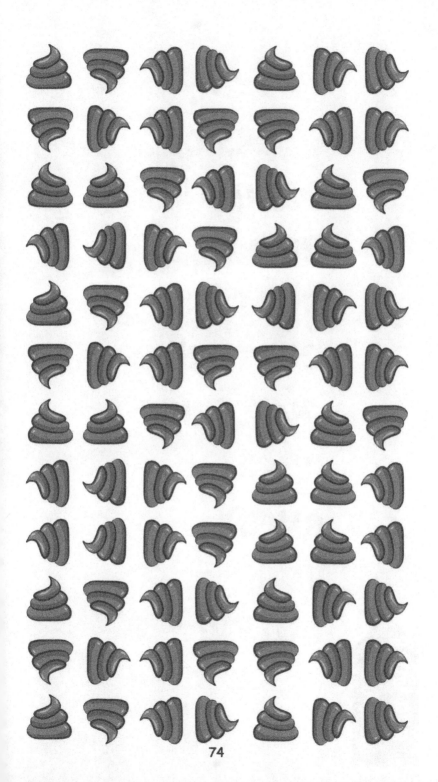

BACKSIDE

BEHIND

BUM

BUTT

BUTTOCK

POSTERIOR

REAR

RUMP

TUSH

BOTTOM

POO WORD SEARCH

E	B	Q	W	C	G	N	H	K	P
D	S	M	O	B	E	O	V	W	O
I	D	T	E	U	V	B	Z	B	S
S	U	N	T	T	U	S	H	U	T
K	P	M	I	T	B	U	M	T	E
C	R	O	O	H	E	W	D	T	R
A	A	P	L	T	E	D	R	O	I
B	E	X	M	D	T	B	E	C	O
P	R	X	K	U	J	O	K	K	R
B	J	X	K	Z	R	E	B	F	U

ARRANGE THE PUZZLE TO DISCOVER WHAT FACT IS ABOUT

THE AVERAGE PER

ON A TOILET.

E YEARS OF THEI

SON SPENDS THRE

R LIFE SITTING

WHAT LETTER
DO YOU SEE?

TAKE FOUR NUMBERS THAT ARE ALL THE SAME AND ARRANGE THEM SO THAT THEY ADD UP TO 100.

DRAW THE FIGURE FROM THE OPPOSITE PAGE WITH ONE CONTINUOUS MARK WITHOUT CROSSING THE LINE

PROBLEM

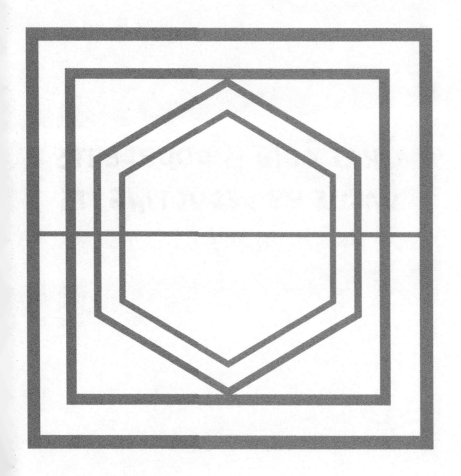

WHAT COIN IS DOUBLE ITS
VALUE BY DEDUCTING ITS
HALF?

SPELL ONE WORD WITH THE LETTERS:

GREAT HELPS

PROBLEM

THIS PAIR ONLY APPEARS ONCE.
CAN YOU FIND IT?

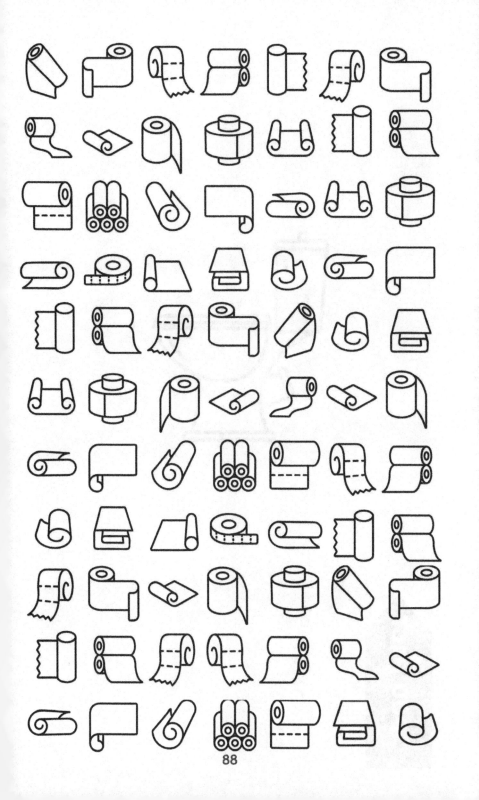

POO FACT

THE OLDEST TOILET STILL
WORKS NEARLY 4000 YEARS
AFTER IT WAS BUILT.
IT CAN BE SEEN IN A SMALL
CASTLE ON THE GREEK ISLAND
OF KNOSSOS.

P5
14 TOTAL SQUARES

P7
YES, THE CIRCLES ARE THE SAME SIZE

P10
ONE WORD

P15
THEY ARE THE SAME SIZE

P17

K	B	A	H	L	E	A	V	E	H
O	F	G	S	Y	U	D	O	P	N
X	L	B	H	P	P	S	I	W	T
L	U	M	X	M	R	Z	E	Z	C
A	S	D	K	P	N	A	Q	W	L
H	H	F	N	U	G	Q	Y	Q	O
W	T	O	I	L	E	T	Y	O	B
N	I	V	K	R	H	R	P	S	T
C	H	P	U	B	D	Q	I	I	R
O	E	N	E	W	A	S	H	T	P

P13

P27
A TOILET USES ALMOST SEVEN GALLONS OF WATER EACH TIME IT IS FLUSHED.

P29

N	J	V	F	S	S	E	E	O	U
U	F	Z	E	M	O	L	E	G	R
M	T	L	M	I	W	K	P	I	
B	V	I	H	C	I	N	E	O	N
E	A	R	H	T	Z	I	E	T	A
R	T	O	V	U	Z	T	P		T
	U	H	Q	R	V	A	F	E	E
O	X	O	L	A	O	E	B	V	U
N	Y	K	N	T	W	C	Z	A	G
E	I	N	Q	E	K	C	X	H	K

P21

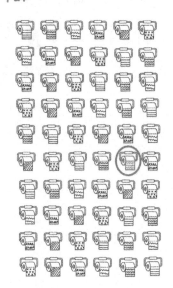

p37

p40

$$11+1+1+1 = 14$$

p45

L	O	M	K	G	N	P	D	W	S
J	W	F	T	S	O	O	M	D	T
S	T	P	N	H	I	O	J	I	O
E	J	E	I	T	P	R	S	Q	
C	R	S	M	T	A	L	S	C	P
E	E	H	E	D	C	O	C	H	P
F	B	I	R	U	E	O	G	A	A
Q	M	T	C	N	F	T	K	R	R
A	U	O	X	G	E	S	P	G	C
S	N	S	E	F	D	Y	M	E	U

p49

💩 = 12

🧻 = 12

🪰 = 6

🚽 = 0

? = 30

p43

p51

p53

KING GEORGE II OF
ENGLAND DIED AFTER
FALLING OFF HIS TOILET.

92

p57

THEY ARE THE SAME SIZE

p59

p69

p65

p71

p67

THEY ARE STRAIGHT LINES

THE AVERAGE PERSON
SPENDS THREE YEARS OF
THEIR LIFE SITTING ON A
TOILET.

99 9/9 -> 99+1=100

A HALF - PENNY

TELEGRAPHS

PLEASE DON'T FORGET TO REVIEW MY BOOK AND SUGGEST WHAT WE CAN CREATE FOR YOU NEXT.

YES, I DID READ ALL MY COMMENTS!

SCAN THIS QR TO REVIEW

THANKS FOR YOUR HONEST INPUT, WHICH HELPS US IMPROVE FUTURE PUBLICATIONS.

FROM THE SAME SERIES:

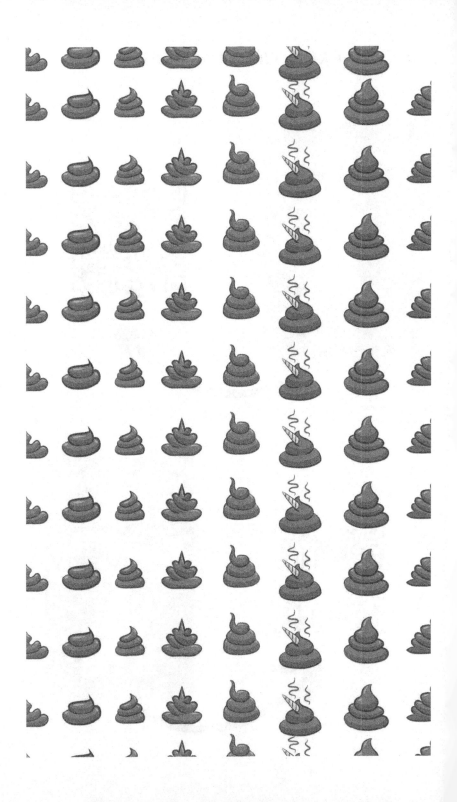

Made in the USA
Coppell, TX
19 October 2024

38881270R00056